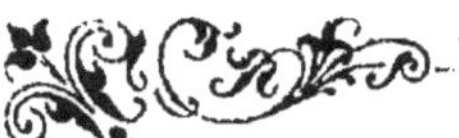
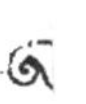

CATALOGUE

DE BELLES

ESTAMPES

ANCIENNES ET MODERNES

ET QUELQUES

TABLEAUX ET DESSINS

DU CABINET

DE M. RAOUL-ROCHETTE

Membre de l'Institut, de l'Académie des Inscriptions et Belles-Lettres, Secrétaire perpétuel de l'Académie des Beaux-Arts, Officier de la Légion-d'Honneur, etc., etc.

DONT LA VENTE AURA LIEU

Le Samedi 14 Avril 1855, heure de midi

EN SON DOMICILE

RUE DE LA MICHODIÈRE, N. 23.

Par le ministère de Me **BONNEFONS DE LAVIALLE**,
Commissaire-Priseur, rue de Choiseul, 11,
Et de son confrère Me **BOULLAND**, rue de la Monnaie, 10,
Assistés de M. **DEFER**, Expert, quai Voltaire, 21,
Chez lesquels se distribue le Catalogue.

EXPOSITION PUBLIQUE

Le Vendredi 13 Avril 1855, de midi à quatre heures.

PARIS

MAULDE & RENOU

IMPRIMEURS DE LA COMPAGNIE DES COMMISSAIRES-PRISEURS
Rue de Rivoli, 144.

1855

CATALOGUE

DE BELLES

ESTAMPES

ANCIENNES ET MODERNES

ET QUELQUES

TABLEAUX ET DESSINS

DU CABINET

DE M. RAOUL-ROCHETTE

Membre de l'Institut, de l'Académie des Inscriptions et Belles-Lettres, Secrétaire perpétuel de l'Académie des Beaux Arts, Officier de la Légion-d'Honneur, etc., etc.

DONT LA VENTE AURA LIEU

Le Samedi 14 Avril 1855, heure de midi

EN SON DOMICILE

RUE DE LA MICHODIÈRE, N. 23.

Par le ministère de M⁰ **BONNEFONS DE LAVIALLE**,
Commissaire-Priseur, rue de Choiseul, 11,

Et de son confrère M⁰ **BOULLAND**, rue de la Monnaie, 10,

Assistés de M. **DEFER**, Expert, quai Voltaire, 21,

Chez lesquels se distribue le Catalogue.

EXPOSITION PUBLIQUE

Le Vendredi 13 Avril 1855, de midi à quatre heures.

1855

CONDITIONS DE LA VENTE

Elle sera faite au comptant.

Les acquéreurs paieront, en sus des adjudications, cinq centimes par franc, applicables aux frais.

DÉSIGNATION

TABLEAUX & DESSINS

1. *Calamatta* (Mᵐᵉ). Vierge et Enfant-Jésus, tableau sur toile.
2. *École moderne*. Vues de Suisse, trois tableaux.
3. Fragment d'une peinture primitive.
4. *Fragonard*. Tête de Jeune fille, jolie miniature.
5. *Nicolle*. Vues d'Italie et oratorio, dix dessins à l'aquarelle.
6. *Le Prince* (Jean-Baptiste). Sujets villageois, deux dessins lavés à l'encre de Chine.
7. Douze dessins, paysages et intérieurs, par Langlois et autres.
8. Deux dessins coloriés, arabesques de Pompéi.
9. Une grande gouache, des peintures des Termes de Titus.
10. Plans et Vues du Temple d'Athènes, dessins lavés par M. Chaudé, architecte.
11. Mosaïque, dessin colorié par M. Le Bas.
12. Monuments persans, dessins à l'aquarelle.
13. Vues de Suisse, deux dessins.
14. Divers dessins par Langlois, Echard et autres.
15. Sept dessins d'après des peintures italiennes, au XVᵉ siècle, par Blondel.

ESTAMPES ANCIENNES & MODERNES
ENCADRÉES & EN FEUILLES

Estampes anciennes

16. **Albert-Durer**. La famille du Satyre, très-belle épreuve du cabinet Revil.

17 **Audran** (Benoît). Les sept Sacrements, d'après N. Poussin, et diverses pièces d'après ce maître.

18. **Edelinck** (Gérard). La Sainte Famille d'après Raphaël. Belle épreuve avant les armes de l'abbé Colbert, et avec grandes marges.

19. **Drevet** (Pierre). Louis XIV en pied, en manteau royal, d'après Rigaud.

20. **Mantuan** (George Ghisi, dit). Le Jugement de Pàris, belle épreuve d'une pièce capitale du maître.

21. **Marc-Antoine**. Le Parnasse d'après Raphaël, belle épreuve.

22. — Un Enfant porté par deux faunes, très-belle épreuve du cabinet Révil.

23. — La Bacchanale, copie par Enée Vico.

24. — Mars et Vénus, d'après Mantègne.

25. Les Tireurs d'Arc, d'après Michel-Ange, par un anonyme de l'école de Marc-Antoine. Très-belle épreuve avant des travaux dans la terrasse du bas à droite,

26. Bas-relief antique, gravé par un anonyme de l'école de Marc-Antoine.

27. Vierge sur les nues, d'après Raphaël, copie très-belle épreuve.

28. **Poilly** (François de) Repos en Égypte, d'après A. Carrache, belle épreuve du cabinet Silvestre.

29. — Vierge au berceau, d'après Raphaël, belle épreuve du deuxième état, du cabinet Silvestre.

30. — Sainte Famille d'après N. Poussin, épreuve avant la lettre. Les épreuves avec la lettre font partie de l'ouvrage, La Galerie Hongthon, belle épreuve.

31. — Fuite en Égypte d'après le Guide, épreuve avant la lettre du cabinet Silvestre.

32. — La Vision d'Ézéchiel, d'après Raphaël, belle épreuve du premier état.

33. — Saint Jean, écrivant l'Apocalypse dans l'île de Patmos, d'après Le Brun; belle épreuve.

34. **Rota** (Martin). Jugement dernier, d'après Michel-Ange, belle et rare épreuve du premier état, avec l'adresse de Guarinoni. — Le même sujet différemment composé, estampe dédiée à Léopold.

Estampes modernes

35. **Amsler**. Vierge et Enfant Jésus, d'après Raphaël.

36. **Aubry-le-Comte** (M.). Remus et Romulus et l'enfance de Bacchus, deux pièces lithographiées d'après Lethiers. Epreuve avant la lettre sur papier de Chine.

37. — Erigone et Ariane, d'après Girodet, épreuves avant la lettre sur papier de Chine.

38. — Dannaé, d'après Girodet, épreuve avant la lettre sur papier de Chine.

— La Joconde, d'après Léonard de Vinci, épreuve avant la lettre sur papier de Chine.

39. **Bervic.** Le Laocon d'après l'antique, belle épreuve avant la lettre, dite d'artiste. On lit le nom de Bervic tracé à la pointe.

40. — Dejanire, d'après le Guide.

41. — L'Innocence, d'après Mérimée, et le Repos, d'après Lepiciés. Deux estampes.

42. — Louis XVI, d'après Callet.

43. **Bettelini.** La Vierge et l'Enfant Jésus, d'après Raphaël, épreuve avant la lettre.

44. — Massacre des Innocents, d'après N. Poussin, épreuve avant la lettre.

45. — Vierge aux candélabres, d'après Raphaël, épreuve avant la lettre.

46. **Burdet** (M.). Psyché et l'Amour, d'après M. Picot, épreuve avant la lettre.

47. **Calamatta** (M.). Françoise de Rimini, d'après M. Scheffer, épreuve avant la lettre sur papier de Chine; les noms à la pointe.

48. — Le Masque de Napoléon, dessiné et gravé par M. Calamatta, épreuve avant la lettre.

49. — Portrait de M. le comte Molé, d'après M. Ingres, épreuve avant la lettre.

50. — M. Guizot, d'après M. Paul Delaroche, épreuve sur papier de Chine.

51. **Desnoyers** (M. le baron Bouchers). La Vierge au Donataire, d'après Raphaël, épreuve avant la lettre. Rare.

52. — Vierge au Rocher, d'après Léonard de Vinci. Belle épreuve.

53. — Vierge au Poisson, d'après Raphaël.

54. — Visitation, d'après Raphaël, belle épreuve.

55. — La Vierge à la Chaise, d'après Raphaël.

56. — Eliézer et Rébecca, d'après N. Poussin.

57. La Vierge au Berceau, d'après Raphaël, épreuve avant la lettre.

58. — La Vierge d'Albe, d'après Raphaël, belle épreuve.

59. **Henriquel Dupont** (M.). Henri IV entrant dans Paris, frontispice pour la Henriade de Didot. Epreuve avant la lettre sur papier de Chine.

60. — Portrait de M. Bertin, d'après M. Ingres. Epreuve avant la lettre, papier de Chine.

61. — M. Pastoret, d'après M. Paul Delaroche, épreuve avant la lettre sur papier de Chine.

62. — La Mort de lord Strafford, d'après M. Paul Delaroche, épreuve sur papier de Chine.

63. **Folo**. Christ, d'après Michel-Ange.

64. **Forster** (M.). La Vierge aux bas-reliefs, d'après Léonard de Vinci, épreuve avant toute lettre sur papier de Chine; les noms à la pointe.

65. — La Vierge à la Légende, d'après Raphaël, épreuve avant la lettre sur papier de Chine.

66. — Raphaël à quinze ans, d'après ce maître, épreuve avant la lettre sur papier de Chine.

67. — François Ier et Charles-Quint à Saint-Denis, d'après Gros, épreuve avant la lettre.

68. — Sainte Cécile, d'après M. Paul Delaroche, épreuve avant la lettre sur papier de Chine.

69. — Les Trois Grâces, d'après Raphaël, épreuve d'artiste et avant toute lettre.

70. — Portrait de la reine Vittoria, d'après M. Winterhalter, épreuve avant toute lettre sur papier de Chine.

71. — Uranie, d'après Raphaël, épreuve avant la lettre sur papier de Chine.

72. **Gandolphi.** La Sainte Famille et saint Jérôme, d'après le Corrège.

73. **Girardet.** La Transfiguration, d'après Raphaël, épreuve d'artiste avant la lettre.

74. — L'Apothéose d'Auguste, d'après le camée de la Sainte-Chapelle, épreuve avant la lettre, dite d'artiste. Un autre camée; ces deux pièces pour l'iconographie de Visconti.

75. **Ingouf.** L'Adoration des Bergers, d'après Ribera, épreuve d'artiste avant la lettre.

76. **Jesi.** Léon X, d'après Raphaël, épreuve avant la lettre.

77. **Martinet** (M.). La Vierge et l'Enfant Jésus, d'après M. Paul Delaroche, épreuve avant la lettre, papier de Chine.

78. **Massard** (Pierre). La Mort de Socrate, d'après David, épreuve avant la lettre.

79. **Massard** (Raphaël-Urbain). Hypocrate refusant les présents d'Artaxercès, d'après Girodet. Epreuve avant la lettre.

80. **Mercury** (M.). Sainte Amélie, d'après
M. Paul Delaroche. Très-belle épreuve, avec le
titre seulement de sainte Amélie; elle est sur
papier de Chine.

81. **Morghen** (Raphaël). Buste d'Auguste. Cette
planche n'a été tirée qu'à 25 exemplaires.

82. **Muller** (Frédéric). La Madona di San Sisto,
d'après Raphaël, ancienne épreuve.

82 *bis*. **Muller** (Henri). Portrait de Henri IV,
pour la Henriade de Voltaire, éditée par
MM. Didot.

83. **Pavon**. La Cène, d'après Léonard de Vinci.

84. **Prévost** (M.) Corinne, d'après Gérard,
épreuve avant la lettre sur papier de Chine.

85. **Rauch**. Vue intérieure de l'église Saint-Paul
hors les murs, épreuve avant la lettre.

86. **Ricciani**. La Madeleine, d'après J. Romain,
épreuve avant la lettre.

87. **Richomme**. La Galathée, d'après Raphaël,
belle épreuve avant l'adresse du graveur de
lettres.

— Thétis portant l'armure d'Achille, d'après Gérard.

88. — Andromaque, d'après Guérin, épreuve avant
la lettre sur papier de Chine.

89. — La Vierge au Livre, d'après Raphaël, épreuve
avant la lettre.

90. — Portrait de Marc-Antoine, graveur, d'après
Raphaël, épreuve avant la lettre sur papier de
Chine.

91. Napoléon, d'après Gérard, épreuve avant la
lettre sur papier de Chine.

92. **Strange** (Robert). La Vierge et saint Jérôme, d'après le Corrège.
93. — Sainte Cécile, d'après Raphaël.
94. — Vénus et Danaé, d'après le Titien, deux estampes, belles épreuves.
95. **Sudre** (M.). Odalisque, d'après M. Ingres, épreuve avant la lettre.
96. **Tardieu** (Alexandre). Ruth et Booz, d'après M. Hersent, épreuve avant la lettre.
97. **Toschi.** Madona della Tenda, d'après le tableau de Raphaël au Musée de Turin, épreuve avant la lettre sur papier de Chine.
98. — Portrait équestre du roi de Sardaigne, épreuve avant la lettre.
99. **Volpato et Morghen.** Les Peintures de Raphaël dans les chambres du Vatican. Suite de huit estampes, dite les Stanzes.
100. **Woollett** (William). Les Paysans joyeux et la Chaumière, deux estampes d'après C. Du Sart.

Estampes diverses

101. Portraits des peintres de l'ancienne académie de peinture; 20 estampes publiées à la calcographie impériale du Musée du Louvre.
102. Études académiques pour les concours de gravure; neuf estampes.
103. Statues antiques gravées par Piranèse, et bas-reliefs par Ricciani, etc.

104. **Salabert** (M.). Lablache, Mmes Grisi, Garcia et Rachel, lithographies coloriées.

105. M. Martin, M. Gatteaux père et Mme de ***, trois portraits d'après M. Ingres. Cet article sera divisé.

106. Plusieurs portraits gravés et lithographiés de personnages contemporains, savants et artistes membres de l'Institut, la plupart inédits. 24 pièces.

107. Les Collines de Rome, cinq estampes à l'eau forte, par Rossini, en 1827.

108. Un portefeuille contenant des Vues de monuments et des vues de Suisse, par Vilneuve.

109. Seize costumes suisses, coloriés.

110. Trois vues de Thèbes et Constantinople. Vues de Suisse et châlets. Douze estampes coloriées.

111. Vues du temple d'Agrigente, Théâtre de Syracuse, etc., six estampes coloriées.

112. Vues de mosquées et temples indiens, quatre estampes coloriées.

113. Vues de Suisse, vues de la Chute du Rhin à Schaffouse, de la Chute de l'Aare. Huit estampes coloriées.

114. Vue de Glaris et du Mont-Blanc ; deux gouaches, dont une de Mme Le Brun.

115. Tous les articles omis.

Maulde et Renou, Imprimeurs de la Compagnie des Commissaires-Priseurs,
rue de Rivoli, 144.
551b